PROGRAMME

DÉMOCRATIQUE

LIBÉRAL

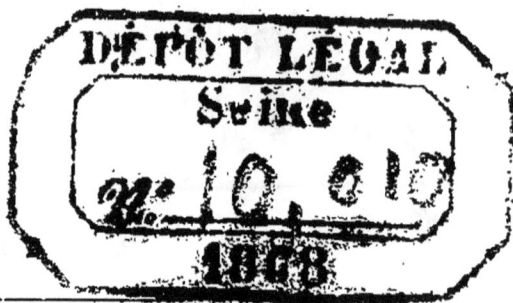

PARIS

IMPRIMERIE SIMON RAÇON ET COMP.,

RUE D'ERFURTH, 1

—

1868

PROGRAMME
DÉMOCRATIQUE LIBÉRAL.

ORIGINE ET OBJET DU PROGRAMME

A la fin de 1866, quelques citoyens animés du souci de la chose publique eurent l'idée de provoquer des réunions privées, auxquelles seraient appelés des hommes habitués à s'occuper de l'étude des arrangements sociaux et des réformes dont ces arrangements sont susceptibles. Le but de ces réunions était la recherche de l'idéal vers lequel tendent les sociétés modernes.

Ceux qui prenaient l'initiative de ces conférences pensaient que, bien que des

travaux particuliers considérables eussent fait avancer la science sociale, ces
travaux, lors même qu'ils avaient des
tendances communes, ne concordaient
guère entre eux et avaient besoin d'être
rapprochés, comparés, discutés dans
une conversation familière et franche,
pour y perdre en quelque sorte leur
forme individuelle et devenir une espèce
de programme collectif aussi rapproché
que possible de la pratique. Il leur sem-
blait qu'il serait très-utile de mettre en
présence et de séparer les opinions op-
posées en principe les unes aux autres,
en même temps que de rapprocher celles
qui sont fondées sur les mêmes principes, de montrer à ceux qui diffèrent
les uns des autres seulement par des
nuances qu'ils pouvaient s'unir dans
des conclusions pratiques communes
susceptibles de propagation et pouvant

servir de base à la formation d'un grand
parti politique, en France et au dehors.
En tout cas, ces réunions devaient manifester les vœux de chacun de ceux qui y
prendraient part, leur apprendre à se
connaître et à participer utilement, en vue
d'un idéal défini, aux événements que
peut réserver l'avenir.

Cette espérance n'a pas été déçue.
Des hommes de toutes professions ont
répondu à l'appel qui leur était adressé.
D'anciens membres des Assemblées nationale et législative, d'anciens journa-
listes, des jurisconsultes, des philoso-
phes, des chefs d'industrie, des ouvriers
ont participé à ces réunions, et pendant
les années 1866, 1867 et 1868, la plupart des problèmes relatifs aux arrangements généraux de la société y ont été
discutés. Les opinions qui, prétendant
réformer la société d'une façon radicale,

niaient le principe de la liberté du travail et tendaient à constituer des règlements d'autorité ont été écartées : dès lors, la plupart des résolutions ont pu être prises sans trop de peine, quelquefois à l'unanimité, presque toujours à une forte majorité, après des discussions sérieuses et fréquemment prolongées.

Le plus grand nombre de ceux qui ont assisté à ces réunions ont cru qu'il conviendrait d'en publier les résultats généraux. Ils ont pensé que cette publication pouvait être utile de deux manières : — 1° parce qu'elle prouverait qu'il est plus facile qu'on ne pense à des hommes de bonne volonté de se réunir, de discuter et de finir par s'entendre sur les points fondamentaux de la politique moderne ; — 2° parce qu'elle présenterait à ceux qui voudraient établir des réunions semblables aux leurs et s'y occuper des mêmes problèmes un programme simple, clair et pratique, en dehors des formules trop générales consacrées par la routine.

En exécution de ce vœu, nous venons proposer aux hommes de bonne volonté l'ordre de discussion que nous avons suivi et les solutions générales auxquelles nous avons abouti.

ORDRE DE DISCUSSION.

Toutes les fonctions de la société appartiennent, soit aux individus agissant *librement* et aux associations qu'il leur plaît de former, soit aux pouvoirs, quelle que soit leur forme, investis de la faculté de *contraindre*. Nous avons cru qu'il convenait de commencer par le partage des fonctions entre les particuliers et le pouvoir coactif sous toutes ses formes, par la détermination des attributions individuelles. — Ensuite nous nous sommes occupés de la constitution, de la forme et de l'organisation du pouvoir chargé de la gestion des intérêts collectifs.

En d'autres termes, comme il n'y a et ne peut y avoir dans la société que deux modes d'action, savoir : l'action *libre* et l'action *forcée*, la liberté et l'autorité, nous avons commencé par examiner quelle devait être la part de la liberté ; ensuite nous avons étudié quelle serait la meilleure organisation de l'autorité.

En adoptant cet ordre, nous avons voulu éviter les discussions préliminaires sur les premiers principes de la société, le droit, la justice, etc. Ces discussions eussent été difficiles, à cause du grand nombre de formules diverses et quelquefois contradictoires qui ont cours aujourd'hui et dont chacune est trop sou-

vent considérée par ses partisans comme
un article de foi indiscutable. Ces discussions d'ailleurs ne présentaient pas
une grande utilité pratique et c'était surtout à l'utilité pratique que nous préten-
dons. Nous savions que les transactions
sont beaucoup plus faciles sur les questions d'application que sur les questions
de doctrine.

Enfin nous pensions que la confusion
des idées, que nous cherchions à dissi-
per, tenait surtout à ce qu'on n'avait pas
des notions bien claires sur le partage
des attributions et à ce que chacun était
porté à étendre arbitrairement, selon sa
fantaisie, le droit de contrainte et, par
suite, l'ingérence de l'autorité dans les
choses d'intérêt privé.

Tous les membres de la réunion étant
d'accord que la liberté individuelle et
l'inviolabilité du domicile étaient le

point de départ de toute réforme utile,
ont adopté sans discussion les principes
formulés sur cette matière par l'Assemblée
constituante. Ensuite ils se sont occupés
du partage et de la définition des attributions.

Il y a des intérêts moraux et des intérêts matériels confiés à l'activité libre des
particuliers. Nous nous sommes d'abord
occupés des premiers, résumés sous les
deux mots *religion* et *enseignement*.

Ensuite, nous nous sommes occupés
des intérêts matériels et, en premier lieu,
de la production et de l'appropriation
des richesses. Nous avons étudié à part
les banques, les voies de communication,
la séparation du domaine public et du domaine privé.

Dans les discussions relatives à la constitution du pouvoir coactif, nous avons
examiné celle des communes, des cantons,

des départements, celle de la force armée et du pouvoir judiciaire.

Là se sont terminées des études très-incomplètes, sans aucun doute, mais dont chacun peut apprécier l'importance. Si nous étions d'accord sur les problèmes étudiés, il ne serait pas bien difficile de nous mettre d'accord sur les problèmes qui restent à étudier.

Exposons maintenant les résolutions adoptées, c'est-à-dire ce que nous désirerions voir devenir le *programme du parti democratique libéral*.

SOLUTIONS PROPOSÉES.

FONCTIONS LIBRES

Religion. — Partant de ce point qu'il n'existe en matière religieuse que des convictions individuelles, sans aucune certitude universellement reconnue ; —

que les croyances religieuses et morales
ont changé dans le monde et se sont
perfectionnées par des efforts indivi-
duels ; — que le pouvoir de contraindre
accordé autrefois à certaines croyances
n'avait donné lieu qu'à des persécutions
odieuses, préjudiciables au bien-être de
la société et au progrès;— la réunion a été
d'avis unanime qu'il convenait de laisser
une entière liberté aux croyances religieuses et aux cultes par lesquels elles
peuvent se manifester, sans aucune ingérence de la part du gouvernement ou
d'un pouvoir coactif quelconque. Elle a
été d'avis également que ceux qui pro-
fessent un culte doivent seuls en faire les
frais et qu'il ne convient de lever par
contrainte aucuns deniers à cet effet.

Enseignement. L'enseignement com-
prend toute une série d'actes, de paroles
et d'écrits qui ont pour fin la conserva-

tion, la propagation et l'avancement des sciences diverses et spécialement de celle de bien vivre ou morale. Il s'exerce 1° par des *réunions* où parlent pour exposer ou discuter soit une, soit plusieurs personnes ; — 2° par des *écrits*, livres, journaux, etc. ; — 3° par des *écoles* en forme avec des professeurs et des collections scientifiques.

Quant aux *réunions*, nous avons pensé qu'elles devaient être absolument libres ; qu'on devait pouvoir y discuter toutes les matières qu'on voudrait, dans les termes qu'on voudrait, pourvu qu'elles eussent lieu sur des propriétés privées ; mais non sur la voie publique, dont la police serait exclusivement réservée à l'autorité, ni dans les propriétés publiques sans son consentement.

Il convient que la *presse* soit absolument libre et franche d'impôt, qu'elle

puisse discuter sans restriction d'aucune
sorte les opinions et aussi les faits déter-
minés qui se rapportent à l'exercice de
la fonction, publique ou libre, que rem-
plit chaque particulier, à la charge d'en
faire la preuve juridiquement, si cette
preuve était requise.

Quant aux *écoles*, la réunion, accep-
tant dans ses termes généraux la division
actuelle de l'enseignement en primaire,
secondaire et supérieur, pense : — 1° qu'il
doit être licite à toute personne de donner et recevoir l'enseignement à quelque
degré que ce soit ; — 2° que l'autorité
publique doit donner aux frais des con-
tribuables l'enseignement primaire en
ajoutant aux programmes actuels au
moins l'hygiène et la morale ; — 3° que
l'enseignement secondaire et générale-
ment tout enseignement ayant pour objet
de préparer les jeunes gens à une pro-

fession particulière, quelle qu'elle soit,
doit être à la charge exclusive des fa-
milles et choisi librement par elles ; —
4° que l'autorité publique doit continuer
de veiller à la conservation et à l'entretien
des bibliothèques et collections scientifiques appartenant au public et faire quelques frais pour la conservation et l'ac-
croissement des sciences.

La loi ne réprimerait d'ailleurs aucune
attaque contre ce qu'on appelle habi-
tuellement morale publique ou religieuse. Elle punirait seulement les
chants, discours publics, publications ou
gravures obscènes et les calomnies contre
les particuliers.

La réunion est d'avis que des *associations* puissent être constituées librement pour l'enseignement religieux et
scientifique ou pour la bienfaisance. Elle
désire seulement que les statuts des as-

sociations soient publics ; — qu'ils ne
puissent engager la liberté des personnes pour plus de cinq ans ; — que les
sociétés puissent être attaquées devant
les tribunaux pour inobservation de leurs
statuts et punies, même par la dissolu-
tion, soit à la requête des associés, soit
sur la demande de l'autorité publique.

Industrie. — La réunion a pensé que
les fonctions industrielles devaient être
absolument libres ; — que les principes
fondamentaux posés sur cette matière
par l'Assemblée nationale constituante
par les décrets des 2 mars, 20 avril et 17
juin 1791 devaient être respectés ;—que,
par conséquent, chacun devait être et
rester libre de proposer et consentir tous
contrats de travail ou d'échange relatifs,
soit au travail lui-même, soit aux objets
acquis, directement ou au moyen de l'é-
change, par ce travail ; — que la pro-

priété acquise par le travail et l'échange
libres, en dehors de toute contrainte, privilége ou monopole résultant des lois et
actes de l'autorité publique, sans fraude
ni violence, est essentiellement respec
table ; — que la propriété acquise par héritage légitime ou couverte par la pres-
cription doit être respectée ; — que l'é-
pargne est un travail et que la liberté du
prêt à intérêt, du fermage et du louage,
qui rémunèrent l'épargne, est une conséquence de la liberté du travail ; — que
la charge imposée à chacun de subvenir à
ses besoins et à ceux de sa famille est aussi
une conséquence de la liberté du travail ;
— qu'il est nécessaire, pour que la liberté
du travail et des contrats produise tous
les bienfaits qu'on doit attendre d'elle,
que tous les citoyens soient instruits des
conditions de ce régime, des lois naturel-
les qui le constituent et des obligations

qui en résultent pour eux, notamment
celles de perfectionner leur industrie, de
savoir au besoin changer de profes-
sion et de résidence ; — que ceux qui
attenteraient à la liberté du travail et
des contrats par des paroles ou des me-
naces doivent être blâmés par l'opinion
publique ; — que ceux qui y attenteraient par des voies de fait doivent être
considérés comme des malfaiteurs et
punis comme tels.

La réunion attribue les vices et les dé-
sordres que l'on critique avec raison dans
le monde industriel : — à l'ingérence
excessive de l'autorité publique, aux
monopoles et restrictions qui existent
encore et doivent être abolis ; — à l'igno-
rance ; — aux mœurs et habitudes qui
sont encore, à bien des égards, celles de
l'ancien régime et ne se sont pas adaptées
au régime nouveau. — Elle croit qu'il

est du devoir des bons citoyens de contribuer de toutes leurs forces, par l'enseignement, la prédication et l'exemple, à la réforme des idées et des mœurs.

La réunion a approuvé, en principe, et sauf améliorations de détail, les dispositions de la loi civile actuelle relatives à la famille et à l'héritage, ainsi que celles relatives à l'assistance publique.

La réunion croit que le commerce de banque doit être libre, absolument comme tout autre commerce.

Elle croit que la surveillance des voies de communication appartient à l'autorité publique et n'est pas éloignée d'attribuer au domaine public la propriété de ces voies.

CONSTITUTION DU POUVOIR. — Les fonctions du pouvoir coactif se trouvant réduites : — 1º à garantir à chaque citoyen une liberté égale à celle des autres,

c'est-à-dire à le préserver des fraudes ou violences qui peuvent nuire à sa personne ou sa propriété ; — 2º à administrer les intérêts collectifs ; — 3º à faire les lois ; — 4º à défendre le territoire ; — 5º à lever et dépenser l'impôt ; — 6º à rendre la justice ; — la réunion s'est occupée de la constitution de ce pouvoir.

Elle a pensé qu'il convenait que l'administration des *communes* fût absolument indépendante ; qu'elle fût remise directement à l'assemblée générale des habitants électeurs dans les communes de 2,000 âmes et au-dessous, à un conseil général nombreux élu par le suffrage universel dans les communes de plus de 2,000 habitants. L'assemblée générale, dans les premières, et le conseil général dans les secondes, nommeraient leurs agents exécutifs.

La nomination de l'officier de l'état civil serait attribuée au juge du ressort.

Les affaires *cantonales* seraient administrées par un conseil général nombreux élu par le suffrage universel, par commune. Chaque commune serait représentée selon sa population sans que la moindre commune pût être privée de représentant.

Les affaires *départementales* seraient administrées par un conseil général nommé par cantons, au suffrage universel. On a proposé que le suffrage fût pris d'abord par commune et donnât des électeurs qui nommeraient au canton les membres du conseil général.

Le gouvernement *national* ne conserverait dans ses attributions que les relations extérieures, l'administration des armées de terre et de mer, la levée des impôts, le service de la dette publique et l'entretien des propriétés nationales.

L'instruction primaire serait une charge communale.

En temps de paix, l'*armée permanente* serait réduite aux armes spéciales dont on jugerait que l'organisation ne peut être complétée en peu de temps ; — elle se recruterait par des engagements volontaires. Une milice ou garde nationale organisée sérieusement sur tout le territoire comprendrait tous les hommes valides de 20 à 50 ans. Elle se diviserait en garde nationale sédentaire et garde nationale mobile.

La *garde nationale* nommerait elle-même ses officiers jusqu'au grade de capitaine inclusivement ; les officiers supérieurs seraient à la nomination du ministre de la guerre, qui pourrait aussi, en cas de négligence ou d'incapacité constatée, provoquer leur remplacement.

Les officiers instructeurs et inspecteurs seraient nommés par le ministre de la guerre.

En cas de guerre, la garde nationale mobile serait mise par une loi, en totalité ou en partie, à la disposition du ministre de la guerre.

Les départements pourvoiraient au service de police intérieure au moyen d'une gendarmerie permanente ou d'une section déterminée de la garde nationale mobile.

Les administrations des communes, des cantons, des départements et l'administration nationale seraient justiciables des juges ordinaires, pour excès de pouvoir ou violation des principes généraux établis plus haut, tels que liberté religieuse ou de la presse, liberté du travail et des contrats, etc. Tous les fonctionnaires seraient de même soumis à la juridiction ordinaire sans privilége d'autorisation préalable.

La commune, le canton ou le département où l'administration deviendrait trop mauvaise ou incapable d'assurer le respect des personnes et des propriétés, pourrait être, en vertu d'une sentence judiciaire, privée de ses libertés et mise en tutelle pour un temps déterminé.

L'impôt national serait perçu par l'administration nationale, dont les agents locaux pourraient être chargés par les administrations locales de la perception de l'impôt local.

Tous les comptables de deniers publics, nationaux ou locaux, seraient justiciables de la cour des comptes.

La réunion s'est occupée pendant plusieurs séances du *pouvoir judiciaire*. Voici le sens général de ses délibérations.

Elle a résolu qu'il convenait d'avoir un juge unique par ressort au civil, un juge unique pour l'instruction des crimes et délits et le jugement des délits ; — que l'appel eût lieu d'un juge à un autre sans réciprocité, d'après un tableau qui serait dressé par une loi ; — que le juge unique reçût des appointements beaucoup plus élevés que les présidents actuels ; — que le jury intervînt dans l'instruction et le jugement des affaires criminelles de tout ordre ; — qu'en matière civile le jury fût facultatif, c'est-à-dire qu'il intervînt dans le cas seulement où l'une des deux parties le demanderait.

La réunion a laissé à l'étude la question de savoir si, dans les cas où le juge n'est pas assisté d'un jury, il conviendrait qu'il eût des assesseurs avec voix consultative seulement.

Quant à la nomination des juges, la

réunion a reconnu unanimement qu'elle ne pouvait être attribuée à l'administration centrale.

Quelques membres ont proposé d'attribuer au pouvoir législatif la nomination de la cour de cassation.

La nomination des autres juges a été l'objet de plusieurs propositions.

La plus radicale, qui n'a pas été adoptée, voulait qu'après avoir déterminé par une loi les conditions de capacité professionnelle exigées de tout candidat aux fonctions judiciaires, on lui fît subir devant jury, une épreuve morale, en appelant tous ceux qui auraient quelque chose à lui reprocher à venir le déclarer et qu'on statuât sur les reproches. Après cette épreuve, que les Athéniens appelaient *essayage*, les noms des candidats à une place de juge seraient tirés au sort. Le juge serait absolument inamovible, hors les cas, à définir par une loi, où il serait déclaré incapable et révoqué de ses fonctions par sentence judiciaire.

D'autres ont proposé la nomination par les administrateurs locaux ; — d'autres par les justiciables réunis en collége électoral ; — d'autres, par un jury de juges convoqué à cet effet.

La question du ministère public a été posée, mais non résolue.

La réunion a décidé à l'unanimité que toute juridiction administrative devait être abolie, le contentieux étant envoyé aux tribunaux ordinaires et les matières de ce qu'on appelle « juridiction gracieuse » étant réglées par des lois devant lesquelles tous les citoyens seraient égaux.

Les délibérations de la réunion, très-

incomplètes, on le voit, ont porté encore
sur d'autres points qu'il nous sem-
ble inutile d'indiquer, soit à cause de
leur peu d'importance, soit parce que
tous les assistants se trouvaient d'accord
spontanément sur les meilleures solutions
possibles. Il importait avant tout de bien
déterminer les conditions auxquelles. la
liberté et l'égalité pouvaient être assurées
et de s'en rapporter au temps pour la
solution des problèmes de détail.

La réunion pense que là où tous les citoyens parlent, écrivent, s'associent librement et prennent une part directe à l'administration de la chose publique, aucun
intérêt légitime ne peut être opprimé;
que la diffusion des lumières et des idées
de liberté ferait disparaître naturellement
ce qu'il y a d'anormal dans l'inégalité
actuelle, en même temps que l'abolition
des restrictions et monopoles de toute

sorte, la simplification de la procédure, la réduction des dépenses publiques et la réforme des impôts faciliteraient les progrès de la richesse à un point tel que toutes les améliorations sociales deviendraient faciles.

RÉSUMÉ.

Peu de mots suffisent à résumer ce programme.

Liberté individuelle;

Liberté religieuse et philosophique;

Liberté des cultes;

Liberté de réunion et de discussion, orale ou écrite;

Liberté de l'enseignement;

Liberté du travail, des échanges et des contrats en général; — Respect de la propriété.

Administration des intérêts locaux par les habitants des localités;

Réduction de l'armée permanente;

Indépendance réelle et complète du pouvoir judiciaire.

PARIS. — IMP. SIMON RAÇON ET COMP., RUE D'ERFURTH, 1.

www.ingramcontent.com/pod-product-compliance
Lightning Source LLC
Chambersburg PA
CBHW060750280326
41934CB00010B/2434